Guia de implantação do dízimo

Edmundo de Lima Calvo

Guia de implantação do dízimo

Dados Internacionais de Catalogação na Publicação (CIP)
(Câmara Brasileira do Livro, SP, Brasil)

Calvo, Edmundo de Lima
  Guia de implantação do dízimo / Edmundo de Lima Calvo. – 3. ed.
– São Paulo : Paulinas, 2012. – (Coleção dízimo)

  ISBN 978-85-356-3320-7

  1. Bênção 2. Dízimo 3. Oferta cristã 4. Vida cristã I. Título. II. Série.

  12-10984   CDD-248.6

Índices para catálogo sistemático:
1. Dízimo : Serviço de Deus : Vida cristã : Cristianismo 248.6
2. Ofertas : Serviço de Deus : Vida cristã : Cristianismo 248.6

Citações bíblicas: *Bíblia da CNBB*, 7. ed., 2008.

Direção-geral: *Flávia Reginatto*
Editores responsáveis: *Vera Ivanise Bombonatto
e Antonio Francisco Lelo*
Copidesque: *Ruth Mitzuie Kluska*
Coordenação de revisão: *Marina Mendonça*
Revisão: *Leonilda Menossi*
Direção de arte: *Irma Cipriani*
Gerente de produção: *Felício Calegaro Neto*
Projeto gráfico: *Manuel Rebelato Miramontes*

3ª edição – 2012
3ª reimpressão – 2018

Nenhuma parte desta obra poderá ser reproduzida ou transmitida por qualquer forma e/ou quaisquer meios (eletrônico ou mecânico, incluindo fotocópia e gravação) ou arquivada em qualquer sistema ou banco de dados sem permissão escrita da Editora. Direitos reservados.

Paulinas
Rua Dona Inácia Uchoa, 62
04110-020 – São Paulo – SP (Brasil)
Tel.: (11) 2125-3500
http://www.paulinas.com.br – editora@paulinas.com.br
Telemarketing e SAC: 0800-7010081
© Pia Sociedade Filhas de São Paulo – São Paulo, 2009

Dízimo, expressão do conjunto de atitudes
que brotam do coração evangelizado,
para que a Palavra seja mais conhecida, amada e vivida.

"Esta experiência missionária me proporcionou um crescimento muito grande, por isso, devemos continuar. Refleti que algumas casas não quiseram me receber e em outras, as pessoas ficaram contentes, sorriam e diziam: 'Que bom que alguém se lembrou de mim'. *Hoje estou na Igreja, porque alguém me convidou e cativou o meu coração.* Sinto muita felicidade. Como missionária, sei que Jesus está me acompanhando".

(Lourdes, coordenadora dos ministros da Eucaristia e da pastoral da limpeza)

Apresentação

Apresento mais um trabalho do Pe. Edmundo de Lima Calvo. Já faz muitos anos que ele vem cultivando este tema, tendo se tornado um especialista no assunto. É mais do que um especialista: ele é um apaixonado pelo tema. Para ele, o dízimo é antes de tudo um meio de evangelização de nossas comunidades.

De fato, a gratidão pelos benefícios recebidos de Deus é um dos pontos altos do Evangelho de Jesus, nosso Senhor. E o dízimo é antes de tudo um gesto de gratidão. Com isso o dízimo nos torna mais cristãos e mais humanos.

Somente depois o dízimo é também uma contribuição, contribuição cujo sentido, porém, não deve ser minimizado, pois a Igreja é também corporeidade, isto é, precisa de recursos para ser eficiente e funcional na sua atuação evangelizadora. Assim o dízimo se torna uma bênção de Deus que abre novas possibilidades para as nossas comunidades.

Não só. Por meio da prática do dízimo aprendemos a partilhar os dons que Deus nos deu, pois sempre há pessoas e famílias que precisam de solidariedade. O dízimo se torna caridade cristã, isto é, amor de uns para com os outros. E o se amar uns aos outros como ele nos amou é o grande mandamento que o Senhor nos deixou.

A Palavra de Deus diz que devemos trazer à Casa do Senhor nosso Deus o dízimo para que a sua casa tenha fartura. No meio católico estamos sempre mais despertando e criando o hábito de contribuir de coração com nosso dízimo. O Pe. Edmundo está dando sua contribuição significativa para que isso aconteça e se consolide.

Ele tem a minha bênção.

Dom Fernando Mason
Bispo de Piracicaba – SP

Introdução

O ser da Igreja desde a sua origem é a missão. Sem o serviço missionário, o povo não conhecerá em profundidade a pessoa de Jesus. Se a paróquia quiser mudar deverá se arriscar e romper com a pastoral de manutenção. A paróquia não é um simples espaço geográfico, mas uma "célula" de um povo em transformação. Anunciar a Palavra é o compromisso primeiro da paróquia; por isso a comunidade, com suas pastorais, se empenha em formar pessoas para o serviço da missão.

A experiência aqui relatada acontece numa paróquia situada longe do centro da cidade, com pessoas de diferentes lugares do Brasil.

Este livro, no primeiro capítulo, esboça um esquema de como funciona o serviço missionário. A preparação é realizada por etapas. Aconselhamos que não sejam puladas etapas. Tudo o que é benfeito trará frutos.

Por isso, após formar os círculos bíblicos ou grupos de reflexão bíblica, para que a catequese nascida da Palavra possa converter o coração e fazer nascer a novidade do Espírito de Cristo, apresentamos, no segundo capítulo, a atitude de acolhida que conduz todo o processo missionário.

Em seguida, no terceiro capítulo, são apresentados os passos para a implantação ou renovação do projeto do dízimo na paróquia como uma dimensão da vivência espiritual dos fiéis. Não se trata de uma mera arrecadação de fundos, mas, sim, de um compromisso com a Palavra.

É importante que toda a comunidade participe do processo e parta decididamente para esta colaboração ativa e, ao mesmo tempo, madura. Porque toda ela se tornará responsável pelo crescimento e pelos passos a serem dados para a autonomia e sustentação da paróquia.

Convidamos você a ser missionário do dízimo. Ao conhecer o nobre objetivo da oferta do dízimo na comunidade cristã, colabore para que nossas comunidades possam evangelizar com maior capacidade de anúncio e testemunho.

Seja entusiasmado! A experiência missionária e de implantação do dízimo vem do nosso interior e reside na sinceridade com que cumprimos a missão pastoral a que fomos chamados. Essa experiência nos leva a gostar do que fazemos e a acreditar no dízimo e ser um *missionário dizimista*.

Etapas de preparação para a missão

Tudo depende da disposição da comunidade para aceitar a proposta do serviço missionário. A liderança é fundamental para a realização da missão. O Documento de Aparecida afirma: "A vocação ao discipulado missionário é convocação à comunhão em sua Igreja. Não há discipulado sem comunhão" (n. 156). Onde houver vivência comunitária, haverá serviço missionário. Missão é fruto da comunhão dos filhos de Deus a serviço do Senhor Jesus.

Como funciona o serviço missionário? O trabalho missionário deverá partir da fé comunitária, de uma fé sólida, repleta da bondade de Deus. O que vai manter o missionário é a fé na Palavra de Deus e no Cristo vivo. Jesus é o início, o meio e o fim de nossa fé. Nele e por ele, nós nos sustentamos para sermos conduzidos à vida eterna. "A fé nos liberta do isolamento do eu, porque nos conduz a comunhão" (Documento de Aparecida, n. 156).

O serviço missionário precisa de um bom planejamento e uma dose forte de coragem. Esboçaremos um modelo de serviço missionário que foi e é realizado em nossa comunidade. As etapas não podem ser puladas, pois estão conectadas entre si.

Assembleia ou reunião de avaliação

O pároco ou o líder comunitário convoca todas as suas lideranças para uma assembleia ou reunião de avaliação dos serviços pastorais da comunidade. Após a avaliação dos pontos fortes e fracos da comunidade, é preciso priorizar o serviço missionário a partir de uma área com pouca participação da comunidade.

Constatamos que o ponto fraco de nossas comunidades é o contato com os paroquianos. Não fazemos visitas aos nossos irmãos. Ou estamos enganados? Se a sua comunidade faz este serviço com eficiência, desconsidere esta observação. Do contrário, convidamos a começar com urgência este serviço.

Formação inicial dos missionários

O pároco convida os agentes de pastorais a participar do serviço missionário na comunidade. Deve-se escolher uma data para a reunião e explicar como será o processo.

Duração

A etapa de formação exige uma forte dose de persistência por parte do líder e de seus agentes de pastorais. Qual é o tempo de formação? Três meses, no mínimo. A formação ideal consiste em um encontro semanal, por cerca de oito meses. Não devemos ter pressa. O investimento deve ser a longo prazo. Caminhada longa, frutos duradouros. Nossa comunidade passou dois anos se preparando para o mutirão missionário. Quanto maior o tempo de formação, melhor será o serviço missionário. A formação começa com a transformação do coração.

Conteúdo

O conteúdo pode ser dividido em três grandes blocos temáticos: Bíblia, Jesus e o que é ser missionário.

Comece a formar missionários com a Bíblia na mão e amor no coração. Não existe melhor método para aprender a ler a Bíblia do que lendo a Bíblia em comunidade. Aconselhamos que sejam formados pequenos grupos de três pessoas para manusear a Bíblia. Aprenda ensinando, assim nós nos tornamos anunciadores da Palavra de Deus. Alguns encontros devem ser marcados para refletir:

a) Quantos livros a Bíblia possui?

b) Quantas partes?

c) O que é capítulo e versículo?

d) Como manusear a Bíblia?

A maioria de nossos agentes de pastorais não sabe manusear a Bíblia. Em nossas reuniões são poucos os que a trazem consigo. Um missionário sem Bíblia é como um saco vazio. A Bíblia é o livro-mãe de todo o processo missionário. Indicamos a leitura do livro: *Bíblia, comunicação entre Deus e o povo*, de autoria do SAB – Serviço de Animação Bíblica (São Paulo, Paulinas, 2009)

Hoje, a Igreja nos pede para que todo cristão seja discípulo missionário, que saiba testemunhar sua fé com seus atos e também com o anúncio de sua esperança em Cristo. Isto significa que tenha facilidade de explicar a pessoa de Jesus Cristo, sua missão, o que nos ensinou e a salvação que trouxe para nós. Por isso, os encontros seguintes devem se dedicar às seguintes questões:

a) Quem é Jesus? (Mc 1,1.21-28)
b) O que ele mandou? (Mc 6,7-13)
c) Qual é a sua missão? (Lc 4,14-28)
d) Qual é o seu projeto? (Mt 8; 9 e 10). Este encontro poderá ser subdividido em outras três reuniões. Uma reunião para cada capítulo.

Neste período, o pároco deve celebrar a Eucaristia com os missionários. Deve realizar a adoração ao Santíssimo Sacramento. O retiro preparatório pode ser feito numa manhã ou em várias manhãs ou mesmo à noite. O importante é que as pessoas conheçam Jesus Cristo.

Para saber o que é ser missionário, nada melhor do que ler o livro de Atos dos Apóstolos. Trabalhamos com o capítulo 2 por quatro encontros, por entendermos que a missão começa em Pentecostes. A Igreja nasce com o sopro do Espírito Santo.

a) Pentecostes (At 2,1-12)
b) O anúncio de Pedro (At 2,13-36)
c) Primeiras conversões (At 2,37-41)
d) A comunidade missionária (At 2,42-47)

O ápice da missão é a comunhão fraterna entre os missionários. O missionário deve ter orgulho de anunciar o Evangelho. Jesus é a salvação. Quem coordena ou assessora os encontros deve estar preparado e acreditar na proposta do serviço missionário. A caminhada é longa. O resultado é a conversão. Seja uma pessoa de fé e saia anunciando as maravilhas do Senhor.

> A missão é o encontro com o próprio irmão afastado da Casa do Pai. O que marcou na minha visita foi o acolhimento das pessoas mais humildes. *O que me chamou a atenção foi a perseverança dos missionários nos encontros de formação e nas ruas.* Acredito que assim como Jesus enviou dois a dois os setenta e dois discípulos, todos somos chamados para a missão. Somos nós os setenta e dois discípulos do Senhor Jesus.
> (Dorival serve como ministro da Palavra e coordenador da liturgia da rede de comunidades.)

Planejamento

O planejamento pode ser comparado ao ato de tornar plano o caminho a ser percorrido. Nossa teoria é que 90% do trabalho, seja qual for, deve ser organizado; os outros 10% devem ser reservados para a criação. Em nosso caso, além da organização e da criação, precisamos de formação cristã. Nosso trabalho deve ser autêntico, verdadeiro e simples. Com organização e amor no que se faz, o restante virá por acréscimo.

O método que propomos é prático, porém, quem conhece as dificuldades da paróquia é o pároco e suas lideranças.

Não adianta fazer uma receita. Estude a sua realidade antes de convidar as pessoas. Planeje, com calma, sem destruir os serviços pastorais. Precisamos ser ousados.

Organização dos setores, distritos e grupos

Antes de convidar as pessoas, precisamos dividir a paróquia por setores e distritos para agilizar o serviço missionário.

O *setor* pode ser uma capela, comunidade, ou ainda um território dentro da paróquia. Em nossa realidade, formamos os distritos dentro dos setores, por bairros, prédios e outros.

O *distrito* deve ser subdividido em vários grupos de formação bíblica, também chamados de círculos bíblicos. Em nossa comunidade, são denominados de *células de evangelização*. Escolha os coordenadores dos setores e distritos; depois, faça a divisão dos grupos. Priorize os setores e distritos por onde iniciará o processo de evangelização. O importante é formar vários grupos e enviar para a missão.

Mutirão missionário

Após esta etapa de formação, escolha um dia e coloque todo mundo nas ruas ou comunidades para convidar as pessoas para participar da festa da Eucaristia dominical e dos grupos de reflexão bíblica. Comece por um setor que esteja mais distante da comunidade, ou seja, onde o povo participe pouco das missas. Nesta etapa, chamada de *mutirão missionário*, participarão todos os missionários.

O convite

A seguir, vem o período que denominamos de *anúncio da mensagem de Cristo*. Nesta etapa, precisamos de muita paciência. O pároco, como líder nato da missão paroquial, deverá reunir os missionários de acordo com a divisão dos grupos e distribuirá os convites. No convite deve constar: o endereço, o telefone, o horário das missas de cada comunidade e – importante! – os dias e os horários de atendimento tanto da secretaria quanto do padre.

Esta etapa dura semanas ou meses, dependendo do número de paroquianos ou do território de evangelização. O pároco nunca deve deixar de se reunir semanalmente com os missionários para distribuir as tarefas. É importante acompanhar tudo de perto. Existem comunidades que fazem uma grande "missão" ou mutirão de evangelização e param. Neste trabalho, nunca se deve parar; tudo será contínuo.

> Gostei muito de participar das missões. Em muitas casas que visitei, fui bem recebida. As pessoas gostaram muito da entrega dos convites. Entreguei os convites e falei desse Jesus maravilhoso e incentivei para que as pessoas visitadas que não participavam das celebrações, viessem para a Igreja.
>
> (Vanda serve a comunidade na pastoral do dízimo e na liturgia como proclamadora da Palavra de Deus.)

Jesus é maravilhoso e ser missionário é uma graça. Venha fazer parte deste rebanho. Seja missionário em sua comunidade. Deus tem um projeto em sua vida. Não fique esperando as coisas acontecerem, mas venha para a vinha do Senhor Deus hoje. Jesus o está convidando.

Grupos de estudo bíblico

Um missionário que tenha passado pelo período de formação deverá ficar responsável por formar e coordenar o grupo de onze pessoas. Cada missionário deve permanecer no seu setor e distrito após o mutirão missionário. Cada grupo de estudos bíblicos, ou *célula*, contando com o coordenador, terá no máximo doze discípulos e elegerá um padroeiro.

O grupo se reunirá semanalmente para que os discípulos não desistam. O tempo do encontro deve ser de uma hora ou hora e meia. Festejará o dia do padroeiro e também convidará outros grupos para participar da festa. Tudo deve ser construído em união.

O livro-base para a oração nas células é a Bíblia. Acompanhe o ano litúrgico com suas leituras diárias. Organize mutirão bíblico no mês do dízimo, no da Bíblia, no da festa do padroeiro, e outros. No momento oportuno, será adequado trabalhar a conscientização do dízimo com o livro *O testemunho* (São Paulo, Paulinas, 2009), de nossa autoria. Seria muito bom que a preparação de alguns sacramentos fosse realizada nas células.

Sugerimos que as missas durante a semana sejam celebradas nos setores, unindo todas as células do distrito. O encontro das pessoas é uma bênção de Deus. O contato com o padre é fundamental. O povo gosta do padre próximo dele. É uma sugestão. Acreditamos que na sua comunidade você poderá realizar outras atividades. Experimente: é uma dádiva do Senhor.

Em nossa comunidade, o discípulo, depois de participar da célula próxima de sua comunidade, e das missas por um longo período e de uma manhã de retiro, será convidado pessoalmente para se tornar um missionário na rede de comunidades. Há aqueles discípulos que espontaneamente manifestam o desejo de ser missionários; nos dois casos, o apóstolo-coordenador apresentará o candidato ao pároco ou líder da comunidade, que marcará a data, o horário e local para uma reunião. Depois haverá a entrevista pessoal para conhecer de perto o novo missionário.

Não se impõe a uma pessoa que seja missionária. Antes, ela deve conhecer o que é ser missionário e aceitar a mensagem de Jesus Cristo.

Formação contínua dos missionários

É bonito perceber uma comunidade missionária. Outro dia, chegamos a uma casa quando estavam encerrando o encontro da célula. Todos sorriram, contentes com a nossa presença. Como é bom colher os frutos que brotam do coração. Soe, soe e não pare... É serviço à Igreja de Jesus Cristo.

Lendo e meditando os testemunhos de cada missionário, percebe-se que vale a pena ser missionário. É bom sairmos de nosso mundo e conhecer "novos mundos", ou seja, outros seres humanos. Os nossos irmãos de comunidade estão perto de nós e, ao mesmo tempo, longe, por falta de uma simples visita.

A Palavra de Deus é a base de nossa fé. Sem um aprofundamento da Palavra de Deus não há missão. Todo missionário deve ser uma pessoa convertida pela Palavra do Senhor. Uma pessoa convertida participa dos retiros, das missas, das orações comunitárias, com disposição de levar a Palavra de Deus com ardor. O missionário nunca diz não; ele sempre abre um espaço no coração para levar a mensagem de Cristo aos irmãos.

Não desista, seja uma pessoa criativa e cheia de imaginação. Sonhar é muito bom, mas ser missionário é uma realização do cristão.

O serviço missionário é contínuo. Uma vez por mês devem-se reunir, com seus discípulos, todos os missionários, que coordenam as células, para uma missa de evangelização das famílias. Após a missa, deve haver a formação e partilha dos missionários. Semestralmente haverá um retiro com eles. Lembre-se: tudo deve ser constante.

> Eu senti a felicidade que a pessoa tem em ser visitada e ser lembrada. Neste final de semana, eu fui abençoada por uma senhora que visitei e fiquei muito feliz, pois eu via em seus olhos a felicidade e o carinho que ela tinha

por mim, uma pessoa que eu nunca tinha visto. Isto é uma experiência maravilhosa, pois, muitas vezes, não conseguimos levar Deus para nossa família e vemos que Deus está ali presente em um estranho. E a partir deste momento vi que devo deixar mais o meu eu e dar-me mais aos meus irmãos, pois a verdadeira felicidade está no amor ao próximo.

(Rose serve coordenadora da rede de comunidade, ou seja, coordena o serviço de catequese da paróquia.)

A nossa paróquia é uma rede de amor. Quem não gosta de ser visitado, lembrado, acolhido como pessoa? Ser missionário é ser um acolhedor. Missão é o encontro com o desconhecido.

A comunidade

Nos grupos de reflexão bíblica, os discípulos fazem experiência da catequese nascida da Palavra, que converte o coração e faz nascer a novidade do Espírito de Cristo. Agora, é necessário conscientizar a comunidade sobre a acolhida que conduz todo o processo missionário e leva a comunidade a testemunhar a comunhão, a vivenciar o amor que a mantém unida.

Dos círculos bíblicos, é muito justo dar o passo de implantação ou dinamização do dízimo, porque é uma dimensão da vivência espiritual dos fiéis, como compromisso com a Palavra. Isto exigirá tempo para as pessoas conhecerem melhor a força evangelizadora que o dízimo impulsiona e descobrirem a importância valiosa de sua participação na comunidade.

Paróquia que acolhe

A campanha de conscientização/implantação do dízimo passa pela formação dos grupos de reflexão bíblica animados pelos missionários e pela atitude calorosa de acolhimento dos discípulos nas células e nas diversas atividades paroquiais. Toda a comunidade paroquial se esforçará para ampliar seu potencial de acolher a si mesma e aos novos convertidos.

"Se não houver uma boa acolhida, todos os trabalhos, todas as ações e a própria comunidade estará fadada ao fracasso. Ninguém quer permanecer onde não é bem acolhido. Para que um trabalho dê frutos é preciso, primeiro, que seus agentes sintam-se acolhidos."[1] A acolhida feita por Jesus é um gesto de amor; e só quem ama acolhe aqueles que são vítimas do desamor. A acolhida provoca transformações mútuas. Ao acolhermos somos simultaneamente acolhidos, e essa reciprocidade é transformadora, provocadora de situações que geram outros gestos de amor.

"Acolher significa oferecer refúgio, proteção ou conforto. É mostrar, com gestos e palavras, que a comunidade paroquial é o espaço onde se pode encontrar essa segurança."[2]

A acolhida vai muito além do recepcionar na porta da Igreja. Envolve uma rede de relacionamentos que dá sustentação e perseverança nas ações que são desenvolvidas na comunidade. Por isso, deve ser permanente, contínua e estar em todos os níveis e dimensões pastorais da paróquia.

Acolher é também receber o outro como ele é, admiti-lo no espaço em que já estamos e proporcionar que ele se sinta à vontade. Se hoje estamos na comunidade desenvolvendo algum tipo de atividade é porque um dia alguém também nos acolheu. Acolher é, portanto, aceitar, deixar que o outro venha fazer parte da nossa comunidade e não ver nele

---

[1] PEREIRA, José Carlos. *Pastoral da acolhida. Guia de implantação, formação e atuação dos agentes.* São Paulo, Paulinas, 2009, pp. 13 e 14.
[2] Ibid., pp. 14-15.

um concorrente, mas, sim, um colaborador, alguém que vem para somar. É também dar crédito àquele que chega, levando em consideração que, se essa pessoa procurou a comunidade ou essa ou aquela pastoral, é porque quer colaborar, oferecer algo de si.

Então, a nossa missão como cristão é acolhê-la da melhor forma possível. Ao acolher bem estamos dizendo àquela pessoa: "Você é muito importante no nosso meio"; "Sua presença vem enriquecer o nosso grupo"; "Você tem muito valor...". Acolher bem é valorizar a pessoa que chega, independentemente de quem seja, e, com isso, ela, sentindo-se valorizada, vai se empenhar em ajudar, dando, assim, o melhor de si. Todos ganham com isso. Recordemos a acolhida que Jesus fez à mulher tida como pecadora e a transformação que a boa acolhida fez em sua vida.

A pastoral da acolhida é parte integrante do processo de evangelização da paróquia porque ajuda a revelar, nos seus membros e nas ações por ela desenvolvidas, o rosto acolhedor de Jesus, cheio de misericórdia e compaixão. A acolhida como graça, sem esperar nada em troca, simplesmente porque ama e quer que todos estejam unidos. Por isso, a Pastoral da Acolhida, antes de ser um trabalho, uma tarefa ou mais uma pastoral, é uma atitude evangélica que brota de um coração convertido pelo amor misericordioso do Pai.

A pastoral da acolhida é uma ação concreta que ajuda as pessoas a se sentirem como filhos e filhas de Deus que são amados e queridos por outros irmãos.

"A pessoa, quando chega na comunidade e é bem acolhida, tem vontade de permanecer e, se a acolhida foi verdadeira, ela permanece de fato. A boa acolhida é uma das qualidades mais importantes de nossas paróquias. Paróquia que acolhe bem terá sempre bons agentes de pastoral e, com isso, cresce sempre mais".[3]

> O que mais me tocou foi a primeira casa que visitei. O moço morava tão perto da comunidade e não sabia que ali tinha uma Igreja Católica. Ele ficou muito feliz e disse que iria participar. Ele me disse que agora não precisa sair de sua casa e atravessar a cidade para participar da missa na Igreja do Bom Jesus. Isso me tocou muito.
> (Luciene serve à comunidade na pastoral do dízimo e no acolhimento.)

Acolher é um ato missionário. Existem muitas pessoas desconhecidas por falta de acolhimento. Informar é missão. Quem não se comunica morre na solidão. Não deixemos de comunicar e acolher os nossos vizinhos!

Conscientização da comunidade

A comunidade é um espaço de partilha. O dízimo exige tempo de amadurecimento. Não é questão de imposição, ruptura ou de resultados imediatos. Antes de tudo, é uma experiência de fé de que vale a pena investir na evangelização e na vida da comunidade. Sobretudo, os fiéis acreditam no

---

[3] Ibid., p. 17.

pároco, no projeto que o conselho paroquial apresenta, na probidade administrativa daqueles que estão gerenciando os trabalhos. Esta conscientização acontece aos poucos, na medida em que se vai criando uma onda de entusiasmo, otimismo e confiança no trabalho de toda a comunidade.

Como é bom quando as pessoas se encontram nos grupos da comunidade e sabem partilhar experiências de vida e também conversar sobre os projetos em andamento para a revitalização da catequese, da liturgia, do atendimento aos pobres! Neste caminho, o dízimo tem o seu lugar natural, como fonte de compromisso e testemunho do Evangelho.

A comunidade é o lugar da experiência de Deus. A maior experiência de abertura para com Deus se dá na encarnação de Jesus Cristo, na qual Deus se faz verdadeiramente um com o ser humano, sendo em tudo igual a ele, menos no pecado. Jesus é o rosto humano de Deus, próximo a cada um dos homens e mulheres. O cristão, a partir do seu Batismo, foi configurado a Cristo, por isso é chamado a viver a íntima relação com o Pai.

Também temos no nosso dia a dia diversas experiências de Deus. Basta pararmos e percebermos: um sorriso amigo, a participação em uma Eucaristia, a leitura da Sagrada Escritura, a presença de Deus no pobre, no marginalizado, no doente, no ancião... Deus continuamente está ao nosso lado e se manifesta de diversas formas; basta pararmos e olharmos ao nosso redor.

Na comunidade de fé, encontramos o essencial de nossas vidas — a revelação de Deus. A Casa do Pai reúne seus filhos ao redor da mesa. Ele nos dirige a Palavra e pela força do Espírito penetra nossos nervos e músculos. A Palavra revela nossas reais intenções, vê o mais profundo de nosso coração.

Na comunidade, nós nos reunimos ao redor das duas mesas, que no fundo formam uma só: a da Palavra e a da Eucaristia. Participamos do banquete e entramos em comunhão com o Cristo-Palavra e Cristo-Eucaristia. Aceitamos que sua proposta de vida aconteça em nossa existência.

Igualmente, o Espírito Santo chega ao nosso íntimo. Ele transforma nossa maneira estreita, e na maioria das vezes interesseira, de ver as pessoas e os acontecimentos ao nosso redor.

A comunidade se compromete a anunciar o Evangelho como boa notícia para nossa vida. A comunidade ilumina nosso querer e nosso coração para que andemos segundo a vontade do Pai. Assim, encontramos o caminho da vida e da plena realização humana.

Na comunidade, dízimo é fé e comunhão entre os irmãos. A comunidade paroquial somos nós, e cuidar dela é de nossa inteira responsabilidade. Por isso, é importante cada um fazer a sua parte, mesmo que não concordemos com muitas coisas que existem lá. Lembremos que somos um corpo, com funções e pensamentos muito diferentes, mas todos concorremos para sua unidade. Nosso olhar se fixa no essencial, primeiramente no mistério de graça que buscamos e constitui o motivo principal de estarmos ali. Depois, vêm as diferenças, os variados pontos de vista, mas em tudo preferimos nos unir pelo perdão e pelo diálogo. Afinal, somos humanos e precisamos todos de conversão. Somos povo a caminho da

Casa do Pai. Vamos nos esquecer de muitos atos impensados ou imaturos que nos feriram, e será muito mais proveitoso testemunhar que nossa fé permanece firme e convicta, mesmo com essas dificuldades.

Naturalmente, essa conversão da comunidade paroquial desemboca no assumir as responsabilidades que cabem a cada cristão. E como não vivemos nas nuvens, temos que dar conta das despesas pagas, dos ambientes preparados, dos salários em dia com as leis trabalhistas...

Todos somos importantes

Aqui vale o dito popular: "A união faz a força". Se todos nos comprometemos, naturalmente poderemos estabelecer projetos a curto e médio prazos que beneficiarão tremendamente a vida da comunidade.

Vamos combater a mentalidade de que a oferta individual não faz falta. É exatamente o contrário! Todos somos importantes e temos algo a oferecer. Os estudos mostram que os menos favorecidos, numa paróquia, são os que se prontificam mais.

"Uma grande maioria dos católicos tem o hábito de colaborar com todos e com tudo o que aparece. Colaboram com asilos, orfanatos, casas beneficentes, associações religiosas e filantrópicas, redes de televisão, campanhas dos devotos de certos santos, enfim, acabam não tendo o suficiente para a sua comunidade. Com isso, o dízimo fica defasado e insuficiente. O dízimo é importante para o crescimento da obra comunitária".[4]

---

[4] GASQUES, Jerônimo. *As sete chaves do dízimo*. São Paulo, Paulus, 2008, p. 111.

Campanha

Planejamento

Para haver sucesso com o dízimo é necessário tempo, planejamento das etapas e investimento em um grupo bem disposto e com trabalho pastoral comprometido. Quando tudo é bem planejado, a tendência é de que dê certo.

Lembre-se: trace objetivos específicos que possam ser medidos a médio prazo. Estabeleça cronogramas.

Passo a passo

Preparação

1. Conscientizar a comunidade sobre o dízimo. Começar pelos agentes pastorais.
2. Formar a equipe do dízimo com um representante de cada pastoral ou movimento.
3. A partir das comunidades da paróquia, identificar setores menores e formar outros grupos.
4. Preparar o carnê e as fichas de inscrição dos dizimistas.

Lançamento

5. Programar o grande evento de lançamento da campanha envolvendo toda a paróquia. Distribuir o livro *Dízimo –*

Bênção de Deus (São Paulo, Paulinas, 2009), durante a procissão das ofertas.

6. Realizar os encontros de formação bíblica nos pequenos grupos com a Bíblia e o livro *O testemunho – Celebrando a partilha* (São Paulo, Paulinas, 2009).
7. Nas celebrações dominicais, durante os três primeiros meses, ler uma mensagem bíblica sobre o dízimo e divulgar o valor das ofertas.

Organização

8. Cadastrar os novos dizimistas com o auxílio de um programa de computador.
9. Escalar membros da equipe para atender as pessoas na mesa do acolhimento do dízimo em todas as celebrações dominicais da Eucaristia ou da Palavra.
10. Preparar colaboradores para receber as ofertas durante a procissão dos dons nas celebrações dominicais.
11. Mensalmente:
    - publicar a lista dos aniversariantes e enviar o cartão ao dizimista aniversariante;
    - celebrar a missa da partilha na intenção dos dizimistas;
    - prestar contas das necessidades atendidas com o dízimo.

Preparação

Conscientização

Conscientize a comunidade sobre o dízimo. O ponto chave é a conversão. O objetivo é conscientizar para mudar de vida e saber renovar o que está velho dentro de nós. Esta atitude deve começar pelos responsáveis da evangelização da comunidade paroquial. Sem a maciça adesão dos agentes de pastorais, o dízimo não será um sinal de partilha do amor de Deus.

Equipe do dízimo

Primeiramente, o pároco deve formar a equipe. O Conselho de Pastoral Paroquial – CPP é o lugar ideal para escolher os responsáveis do dízimo. O ideal é que haja coordenadores ou membros de cada pastoral ou movimento para fazer parte da equipe do dízimo.

Cada membro da equipe do dízimo é um missionário. Sobretudo, é uma pessoa apaixonada por Jesus, que reza, lê e medita diariamente a Palavra de Deus; sabe conviver em grupo e colaborar na comunidade. Tem um perfil humano, honesto, sincero e justo; acolhedor e atencioso para ouvir o outro. É um dizimista consciente, apaixonado pelo dízimo.

Um missionário do dízimo respeita o outro como irmão, sem ser autoritário, mas com humildade e simplicidade de coração. Assim, como recomenda a Palavra de Deus: "Sede, pois imitadores de Deus como filhos queridos. Vivei no amor, como Cristo também nos amou e se entregou a Deus por nós como oferenda e sacrifício de suave odor" (Ef 5,1-2).

Os missionários serão os primeiros a se inscrever como dizimistas. Alguns poderão dizer: "Eu já não estou a serviço da Igreja? Então, para que pagar o dízimo?". Quem não tem consciência diz *pagar*. O dizimista consciente fala: "*Oferto* o meu dízimo".

Testemunhar é a arte do missionário do dízimo. O êxito dependerá do testemunho da equipe e da sua organização. Ninguém deverá falar daquilo em que não acredita.

Pároco

A Palavra de Deus não deixa nenhuma dúvida: "De fato, todo sumo sacerdote é tomado do meio do povo e representa o povo nas suas relações com Deus, para oferecer dons e sacrifícios pelos pecados. Ele sabe ter compaixão dos que estão na ignorância e no erro, porque ele mesmo está cercado de fraqueza. Por isso, deve oferecer, tanto em favor de si mesmo como do povo, sacrifícios pelo pecado" (Hb 5,1-3). O padre é o animador da missão. Existem outros ministérios com grandes coordenadores, mas é o pároco o líder por excelência de sua paróquia onde se realiza a missão.

O líder deve ser o exemplo como animador e o primeiro a ofertar o seu dízimo. O pároco é o guia do povo. Se os agentes de pastorais juntamente com o pároco não derem testemunho da vivência do dízimo, como os outros paroquianos serão dizimistas? Feliz o sacerdote que mantém a sua comunidade com o dízimo do povo de Deus!

Deve-se falar sobre o dízimo na justa medida; nunca excessivamente. Caso se fale demais, o povo pode ficar incomodado e acabar não levando a sério a proposta.

Coordenador

Tem as seguintes funções:
- estudar e meditar sobre o sentido do dízimo;
- treinar os acolhedores e aqueles que receberão as ofertas na celebração dominical;
- organizar a pasta do acolhimento;
- encarregar uma pessoa para levar o dízimo à matriz;
- reunir-se quinzenalmente com os agentes do setor;
- reunir a equipe para a adoração do Santíssimo Sacramento;
- preparar a escala mensal dos acolhedores do dízimo;
- conferir o material da mesa, especialmente o fichário.

Acolhedor

Tem as seguintes funções:
- preenche o carnê do dízimo;
- confere as ofertas;
- explica o dízimo como um preceito bíblico. Sabe citar passagens bíblicas e conscientizar a pessoa que vai se tornar um dizimista ou alguém que não tem consciência do preceito bíblico do dízimo.

Organizar em grupos

Toda a comunidade participará da formação bíblica. Como vimos no primeiro capítulo, o território paroquial deverá ser organizado em setores e distritos, para que o máximo possível de fiéis participem dos grupos de reflexão bíblica sobre o dízimo.

Preparativos

Os carnês e as fichas de inscrição dos dizimistas deverão ser confeccionados com muita antecedência. Não deixe nada para a última hora. Seja eficiente. Os modelos do carnê e do fichário se encontram no final deste livro.

É necessário preparar:
- uma mesa com gavetas, toalha, duas cadeiras para receber os dizimistas;
- o "kit do dízimo" – pasta com caneta, clipes, carnê, ficha, livro: *Dízimo – Bênção de Deus*. Ter à vista as citações bíblicas do dízimo (Confira aquelas que estão no final deste livro);
- os cestos para acolher as ofertas;
- as pessoas que irão ficar com os cestos, vestidas com as camisetas.

Camiseta

É recomendável que equipe ou os agentes da paróquia usem camiseta com uma frase, por exemplo: *Faça esta experiência comigo; Dízimo é bênção de Deus*, e outras.

Leia Malaquias 3,6-12 e Gênesis 14,18-17.24 e escolha uma frase. Crie um símbolo na frente da camiseta e uma frase atrás. Tudo depende da criatividade da comunidade. Os nomes da diocese e da paróquia devem ter corpo menor.

São apenas sugestões. Renove e inove.

Lançamento

O grande evento

Faça um grande evento de lançamento da campanha. A divulgação deste acontecimento deverá ser realizada com folhetos próprios nas missas, celebrações da Palavra, encontros de catequese, CPP, reuniões de círculos bíblicos, jornais, rádios, faixas e cartazes no território da paróquia.

Não se esqueça de marcar a data. Diga aos paroquianos que este será um dia muito especial. Este dia pode ser feito com os próprios paroquianos. Os fiéis gostam de novidade. Faça deste momento um grande evento paroquial.

Neste dia, o livro *Dízimo – Bênção de Deus* deve ser distribuído durante a procissão das ofertas, e depois, nos encontros de noivos, de Batismo, na reunião dos pais dos catequizandos, dos ministros da Eucaristia e na mesa do acolhimento do dízimo.

Encontros de formação bíblica

Após a animação, haverá encontros bíblicos nos vários grupos da paróquia.

O livro do cristão é a Bíblia. Dízimo sem espiritualidade bíblica é um saco vazio. Todo agente de pastoral deve levar a Bíblia para as reuniões e celebrações na comunidade. Todo serviço do dízimo será baseado na Palavra de Deus. Não se pode fazer um belo projeto arquitetônico se não estiver com o material adequado para desenvolver a construção. O material número um da pastoral do dízimo é a Palavra de Deus.

Os encontros destes grupos seguem o roteiro com reflexão bíblica do livro *O testemunho*. Este livro foi escrito a partir da alma do povo, ou seja, da sua vivência. Deverá ser utilizado na formação dos agentes de pastorais, dos círculos bíblicos, dos movimentos e de todo o povo. Proponho que no último encontro deste livro os grupos se reúnam e seja realizada uma grande partilha entre todos.

Este é o início de uma nova caminhada comunitária.

Quem deve receber a formação bíblica?

Quando os agentes tiverem consciência do sentido bíblico do dízimo, será o momento de dar o segundo passo de conscientizar o povo da comunidade com os grupos de formação bíblica. Os agentes de pastorais devem ser os primeiros a receber a formação, inclusive participar dos círculos bíblicos propostos para todo o povo.

As formas deverão se adaptar de acordo com as realidades das comunidades. Existem comunidades que se reúnem com os pais dos catequizandos, com os que se preparam para receber o sacramento do Batismo, do Matrimônio, da Crisma, dos movimentos, com ministros da Eucaristia e com o povo que já se reúne em círculos bíblicos.

Nos três primeiros meses

Neste período, procure ler uma mensagem bíblica do dízimo e divulgue o valor das ofertas nos finais das missas e celebrações do domingo.

Organização

Mesa do acolhimento do dízimo

Todos os meses deve ser feita uma escala dos membros da pastoral do dízimo para as celebrações eucarísticas ou da Palavra dos fins de semana. Os acolhedores do dízimo permanecem nesta mesa para receber os dizimistas novos e os antigos. A mesa deve ser coberta com uma bela toalha e situar-se próxima da porta da igreja.

Uma pastoral pode realizar um bom serviço se estiver organizada. O *kit do dízimo* contendo: caneta, carnê, fichário, clipes e o livro *Dízimo. Bênção de Deus*, deve estar completo e permanecer com os acolhedores do dízimo em cima da mesa.

O livro *Dízimo – Bênção de Deus* deve ser entregue para as pessoas que vêm fazer sua inscrição e ainda não possuem o livro.

Procure não usar a palavra *plantão*, porque se parece com um pronto-socorro ou uma unidade policial. A palavra *acolher* significa receber, não com urgência, mas com paciência, dedicação e atenção. Não é mais bonito usar a expressão *mesa do acolhimento do dízimo*?

Apresentação dos dons

Todos os meses deverá ser feita uma escala das pessoas, vestidas com a camiseta, que vão ficar com os cestos nas celebrações eucarísticas ou da Palavra dos fins de semana para receber a oferta do dízimo. Se a comunidade for grande, devem ser colocados vários cestos; se for pequena, colocar duas pessoas na frente, ou, ainda, de acordo com a sua realidade. Os cestos devem ser um pouco fundo para que as pessoas se sintam à vontade na hora de entregar as suas ofertas. As mãos devem oferecer o que têm de melhor para Deus. Mãos abençoadas, coração limpo.

Seria bom convidar as pessoas para caminhar em procissão após a apresentação dos dons do pão e do vinho. Ninguém deve ficar sentado nos bancos ou nas cadeiras. Faça uma procissão organizada. Convide os filhos para irem juntos com os pais até a mesa da partilha.

Cadastro dos dizimistas

Utilizando um programa de computador, a equipe começa a cadastrar os dizimistas.

Celebração da partilha

Todos os meses a comunidade deve celebrar uma missa em ação de graças na intenção dos dizimistas. Nesta celebração pode escolher um canto para acolher os fiéis dizimistas. Após a oração final, uma pessoa lê uma passagem bíblica sobre o dízimo. Escolher uma pessoa que viva o dízimo para testemunhar durante a homilia ou após a oração final. O testemunho deve ser breve e autêntico. Não minta, fale daquilo que se vive. Deus é a verdade. Dízimo é verdade. Dízimo é vivência da Palavra de Deus.

Dizimista aniversariante

É de grande importância divulgar a lista com os aniversariantes do mês no mural ou jornal e também enviar o cartão do dizimista aniversariante.

Avaliações

Faça avaliações a cada mês. Assim, será possível perceber o que está produzindo efeito positivo e corrigir a rota, isto é, tomar outro caminho ou técnica. Se a comunidade tiver de mudar algo para conseguir realizar seus objetivos, essas avaliações periódicas vão lhe mostrar o melhor caminho.

Prestação mensal de contas

É inevitável uma prestação de contas do que é arrecadado, assim como um minucioso e elaborado levantamento das necessidades atendidas. Em que e onde aplicaremos os nossos dízimos? Naquilo que é mais urgente.[5] Segundo Jerônimo Gasques, existem três espaços onde o dízimo dever ser demonstrado:

---

[5] CNBB. *Pastoral do Dízimo*. São Paulo, Paulus, 1975, p. 48. Estudos da CNBB, n. 8.

1. *Nas celebrações.* De forma rápida, não custaria muito o pároco ou um agente de pastoral prestar contas sobre o andamento do dízimo daquele mês. A comunidade fica contente ao saber e se informar sobre onde está sendo aplicado o dinheiro da comunidade. Aqui, alertaria que não há necessidade de falar em valores.
2. *No painel.* Aproveitar alguns segundos da celebração e expor o andamento do dízimo por meio de uma mídia. Ou afixar no painel dos recados o balancete paroquial para que todos os que se interessarem possam ler e observar.
3. *Nas reuniões do conselho paroquial.* Este é o momento mais adequado, importante e privilegiado para, de forma mais detalhada, expor o andamento e a aplicação do dízimo da comunidade. Certamente, isso exige uma administração democrática. Fazer no início de cada ano a grande assembleia para expor com detalhes todo o trabalho da comunidade. Esse é o momento mais oportuno para detalhar com critérios todo o andamento pastoral do ano que passou.[6]

Ressalte as coisas boas e as realizações paroquiais. Recomenda-se publicar um folheto para apresentar os projetos realizados com sucesso, o que vai demonstrar o bom emprego das ofertas recebidas. Os dizimistas devem estar a par do que a comunidade faz e do que planeja. É necessário fazer

---

[6] GASQUES, Jerônimo. *As sete chaves do dízimo.* São Paulo, Paulus, 2008, pp. 99-100.

um contato mensal por correspondência. Se a paróquia tiver um boletim, este deve ser enviado aos dizimistas. Receber em casa alguma correspondência é sinal de que a oferta é valorizada e esperada. O agradecimento e as notícias de sucesso do trabalho comunitário são o maior estímulo para o cristão dizimista prosseguir fiel ao dízimo.

Um ano depois

Decorrido um ano, comece a colher e a divulgar o testemunho de pessoas que ofertam o dízimo.

> Quando começou o serviço missionário, pensei que não iria conseguir falar com as pessoas. Hoje me sinto muito feliz em fazer parte desta equipe missionária. Sei que devo levar Cristo ao mundo. Senti que Deus me deu o espírito de sabedoria, de força para amar, perdoar e partilhar o pão com os irmãos. Se você quiser ser abençoado, leia a Bíblia. Não lute sozinho, mas tenha Jesus do seu lado. Ele te ama!
>
> (Maria Inês serve a comunidade na equipe de liturgia e na pastoral do dízimo.)

A força de Deus conduz o missionário para anunciar a mensagem em lugares distantes. A leitura bíblica fortalece o missionário, pois sem a Bíblia, sua mensagem é vazia.

Conclusão

Você está convidado a ser missionário do Senhor Jesus Cristo. O Documento de Aparecida, n. 172, afirma: "A renovação das paróquias no início do terceiro milênio exige a reformulação de suas estruturas, para que seja uma rede de comunidades e grupos, capazes de se articular conseguindo que seus membros se sintam realmente discípulos e missionários de Jesus Cristo em comunhão. A partir da paróquia, é necessário anunciar o que Jesus Cristo 'fez e ensinou' (At 1,1)".

A paróquia deve ser inovadora, criativa e com uma pitada de coragem por parte de seus membros. Não tenha medo das mudanças. Mudar é sempre muito bom!

Modelos

Modelo de carnê

Frente

DÍZIMO – PARTILHA DO AMOR
PARÓQUIA DE SÃO FRANCISCO DE ASSIS –
DIOCESE DE PIRACICABA
Rua 23, n.340 – Rio Claro – SP – Tel.: (19) 3534-6113

Cristão Dizimista n.: _____
Nome: _____
Endereço: _____ n. _____
Bairro: _____

*"Ó Senhor, meu Deus, obedeci o teu mandamento
a respeito do DÍZIMO."*

Dentro

PARÓQUIA DE SÃO FRANCISCO DE ASSIS	PARÓQUIA DE SÃO FRANCISCO DE ASSIS
Cristão Dizimista n.:_____	Cristão Dizimista n.:_____
Nome: _____	Nome: _____
Comunidade:_____	Comunidade:_____
Data: _____	Data: _____
Janeiro de 20 ____	Janeiro de 20 ____
Agente do dízimo:_____	Agente do dízimo:_____
Este lado fica com o dizimista	Este lado fica com a paróquia

Verso

> *"Hoje o SENHOR teu Deus te manda cumprir estas leis e decretos" (Deuteronômio 26,16).*
>
> *Não deixe de cumprir nenhum deles a respeito do Dízimo.*

Este é modelo da Paróquia de São Francisco de Assis de Rio Claro. Você poderá inovar e criar o seu carnê com citações bíblicas de acordo com a sua realidade. Existem algumas comunidades que usam o envelope. Não se esqueça de colocar uma citação bíblica no envelope.

Modelo do fichário

Ministério do Dízimo	Ficha n.: _____
Nome: _____	
Nascimento: ___/___/___	
Endereço: _____ n. _____	
Bairro: _____	
Tel.: _____	
E-mail: _____	
Comunidade: _____	

Anexo

O dízimo na Bíblia

A palavra dízimo se encontra pela primeira vez no Livro do Gênesis 14,20: "E Abraão entregou-lhe o dízimo de tudo".

Apresentamos a seguir algumas citações bíblicas que tratam do dízimo e das ofertas ao Senhor:

Gênesis 4,1-16 – Caim mata Abel por inveja, egoísmo e ganância; sua oferta não é aceita por Deus. Por que Deus aceita a oferta de Abel?

Gênesis 14,17-24 – Abraão devolveu o dízimo de tudo que conseguiu com a vitória. Qual é a parte que pertence a Deus?

Gênesis 28,20-22 – Jacó fez um voto a Deus para voltar salvo de uma viagem. Ele prometeu construir uma casa para Deus e de devolver o dízimo de tudo o que Deu lhe deu. No meio católico, voto é uma promessa.

Êxodo 35,4-29 – O Senhor Deus pede para que façam uma coleta para a construção de sua casa. A oferta serve para manter o templo de Deus. Leia com muita calma esta belíssima passagem. Que Deus abra o seu coração! E que oferte o que tem de melhor para a construção de sua comunidade. Partilhe em comunidade e viva o amor de Deus.

Levítico 27,30-32 – Deus nos diz que todos os dízimos da terra são propriedade sua. Aquilo que pertence a outro proprietário deve ser devolvido. Deus é dono de nossos bens e da nossa vida.

Números 18,26-28 – *Quando receberes o dízimo dos dízimos, devolve a décima parte ao Senhor teu Deus.* O padre é o levita que recebe o dízimo do povo. Ele trabalha e recebe o salário. Do suor de seu trabalho deverá retirar a décima parte e devolver para Deus. Conheço algumas Dioceses que possuem um caixa comum. Estas reservas servem para atender às necessidades dos padres que se encontram enfermos e outros. É uma bênção de Deus ter um caixa comum entre os sacerdotes.

Deuteronômio 16,10 – A festa é uma bênção de Deus. A festa do padroeiro é uma dádiva de Deus. Quando for participar de uma festa de sua comunidade, leve a melhor oferta ao Senhor.

Malaquias 3,6-12 – Enganamos a Deus quando não ofertamos para Deus o nosso dízimo.

Tobias 1,6-8 – Caminhe até a Casa de Deus e devolva o seu dízimo. Seja fiel e honesto como Tobias, um homem piedoso e cheio de amor.

Eclesiástico 35,1-13 – A alegria nos traz felicidade. Toda vez que ofertamos de coração, Deus nos enche de alegria e de sabedoria. Oferte e veja Deus habitar no seu coração.

Mateus 6,1-4 – Jesus nos ensina que ao ofertar alguma coisa ao Senhor não publiquemos em praça pública. A oferta ou esmola seja dada de coração aberto e com amor.

Lucas 21,1-4 – A viúva ofertou o que tinha de melhor para Deus. Às vezes, a nossa oferta pode ser de alto valor, mas insignificante diante dos olhos de Deus. Vamos ofertar o que temos de melhor.

Atos dos Apóstolos 2,44-45 – O retrato de uma comunidade que sabe partilhar. O dízimo pertence a Deus. Ofertar é uma opção nossa. Segundo esta passagem, os seguidores de Jesus eram tão despojados que vendiam as suas propriedades e colocavam aos pés dos Apóstolos as suas ofertas. Oferte o que tem de melhor para o seu Deus.

1 Coríntios 16,1-18 – A solidariedade entre os cristãos era a prova da vivência do evangelho, por isso a coleta entre os pagãos em favor dos cristãos de Jerusalém era algo muito valioso para o apóstolo Paulo.

2 Coríntios 9,6-8 – Aquele que oferece pouco receberá pouco. Todavia, aquele que oferta muito receberá muito. Deus ama quem dá com alegria. A nossa oferta é uma dádiva do Senhor nosso Deus.

Hebreus 7,1-10 – Releitura da oferta do dízimo de Abraão entregue ao sacerdote Melquisedec.

Há muitas outras passagens bíblicas que falam sobre as ofertas. Nunca deixe de ofertar a Deus a melhor parte.

Sumário

Apresentação 7
Introdução 9
Etapas de preparação para a missão 11
A comunidade 22
Campanha 29
Conclusão 42
Modelos 43
Anexo 45

Impresso na gráfica da
Pia Sociedade Filhas de São Paulo
Via Raposo Tavares, km 19,145
05577-300 - São Paulo, SP - Brasil - 2018